Elia Guarneri

Cuore
Forgiato

ISBN 978-0-9934922-5-9
SKU/ID 9780993492259

Cover:
"SUZY" - oil on canvas - 100 x 94 cm - year 2010 by Alfonso and Nicola Vaccari
Book design by Wolf
Editor: Wolf

Publishing Company:
Black Wolf Edition & Publishing Ltd.
2 Glebe Place, Burntisland KY3 0ES, Scotland
www.blackwolfedition.com

Dedica:

A te Monica,
a te che con il tuo amore mi hai ridato vita,
a te che mi hai sostenuto quando ero giù,
a te che mi hai ridato speranza,
a te che hai consolato i miei pianti,
a te amore mio che mi hai amato e che mi ami.
Questa piccola raccolta è solamente dedicata a te, mia unica amata.

Elia Guarneri

INDICE

Prefazione

Ci sono dei momenti della vita dove ci si ritrova a esprimere le proprie sensazioni, i propri sentimenti, dei momenti dove trovi pace solo nello scritto, dei momenti dove la mente vola e crea. In questi momenti, mentre combattevo contro la mia solitudine, dove lottavo per rimanere a galla, ho trovato la mia musa ispiratrice, ho ritrovato la forza e il sostegno per continuare, fra i miei alti e bassi causati anche dalla salute, ho ritrovato anche l'amore.

Con questa piccola raccolta di mie poesie cerco di dare espressione e vita a sensazioni, a sentimenti che delle volte ti stringono il cuore, ti prendono mente e corpo, che si potrebbero esprimere solamente con le parole, che togliendoti il fiato vogliono uscire dalle tue labbra per sfogarsi, per esaltarsi, per realizzarsi, per essere sentite, apprezzate, odiate, amate.

Non mi ritengo affatto un poeta, ho solo dato voce al cuore e alle sensazioni provate ad ogni stesura.

Per natura amo l'arte in ogni sua forma, la ritengo non una forma di spettacolo, ma un linguaggio con il quale ci si può esprimere in larga misura per poter esternare se stessi, l'odio, la paura, le emozioni, la gioia e la tristezza, dove si può esprimere anche l'amore allo stato puro.

Non proseguo con questo monologo e vi lascio (spero) in una piacevole lettura.

Elia Guarneri

Tutte le poesie di questa raccolta
sono state scritte nell'anno 2012.

A TE

Io scrivo il tuo nome,
come se fosse sussulto d'anima per il cuore,
mentre pazzo mi nasce da dentro,
questo ricamo che scatena il tormento.

Proteso a te e folle d'ardore,
mi muovo dannando la mia carne in costrizione.

Io t'adoro lì...
dove devasti d'improvvisa pelle,
ed ignara sapienza,
dove la carne vibra alle tue note,
dove l'anima si perde nei tuoi occhi.

Tu, solo tu,
lasci nella mia anima il segno del vero amore,
dell'amore mai vissuto,
ma da sempre ricercato.

Elia Guarneri 30 luglio 2012

TU ANIMA MIA

Tu anima mia,
che già al mattino mi struggi d'amore,
tu anima mia,
che fai risplendere il sole anche quando vi è una tempesta,
tu anima mia,
che hai ridato un vero senso alla mia vita,
tu anima mia,
che con i tuoi occhi m'hai scavato nel cuore,
tu anima mia,
che con il tuo sorriso hai scaldato le giornate gelide che
avevo nel cuore,
tu anima mia,
che con le tue risate buffe m'hai fatto tornare a sorridere.

A te, anima mia,
ora dono il mio amore,
la mia vita,
i miei sentimenti,
le mie sensazioni,
il mio cuore.

Lascio che tu, anima mia,
ti riporti via i momenti bui della mia vita,
lascio che il tuo amore si infonda in me,
che il dolce suono della tua voce si imprima nella mia
mente,
nel mio cuore,
perché ogni tua parola,
ogni tuo sussurro,
ogni tuo canto,
è vita,
è speranza,

è forza,
per questo mio corpo martoriato,
per questo mio cuore ferito,
per questa mia vita vuota,
che solamente tu, anima mia,
puoi far rifiorire,
far rinasce,
come hai fatto con il tuo amore.

Elia Guarneri 31 luglio 2012

LA VITA

La vita è bella
quando sono con te,
la vita non significa niente
senza di te.

Tu mio amore,
mio universo,
tu sei tutta la mia vita,
sei tutto per me.

Tu con i tuoi occhi mi hai ridato vita,
con il tuo sorriso mi hai rianimato,
con il tuo cuore mi hai stregato.

Non smetterò mai di amarti,
di desiderarti.
Ti dono la mia energia,
la mia vita,
ti dono il mio cuore,
la mia anima
e tutto il mio amore.

Perché tu sei radiosa...
sei come sei,
perché mi piaci,
perché t'amo.

La vita è bella
quando sono con te,
la vita non significa niente
senza di te.

Elia Guarneri 31 luglio 2012

PRELUDIO D'AMORE

Quel tuo bacio
mi donò la tua anima,
mentre un fuoco tenue mi scivolò nella pelle.

L'intorno era in me,
nelle mie vene,
quei petali di parole di chi tiene l'emozione,
ancor m'accarezzano da lontano,
mi sfiorano come fiato caldo,
scorrono nel muto gioire dei pensieri,
si posano come piacevole tortura,
perché non giaci tra le mie carezze?

Ma vivo d'insonnia
nel desiderio onirico di te,
i tuoi baci mi portan via dall'alcova della notte,
come in un preludio all'incontro,
ove le tue labbra finalmente taceranno sulle mie,
nuvole di sogni lambiranno gli occhi lucenti.

Così finalmente respirerò di te il vivere d'amore,
finalmente vivrò di te d'amore,
finalmente mi nutrirò della tua linfa d'amore,
finalmente mi abbandonerò con te...
nel vivere l'amore.

Elia Guarneri 1 Agosto 2012

TI AMO AMORE MIO

Amo i tuoi sguardi
che riescono a farmi impazzire di gioia.

Amo quando mi contempli,
quando ti abbandoni fra le mie braccia
lasciandoti accarezzare il viso con dolcezza.

Amo pensarti dolcemente
mentre accarezzo la tua pelle,
pensare a te,
al nostro futuro.

Amo il tuo respiro
che si posa sul mio collo,
mi fa vibrare l'anima,
mi travolge in estasi.

Amo, amo, amo.
Amo tutto di te,
i tuoi occhi,
nei quali leggo il tuo amore,
le tue labbra,
che delicate si posano sulle mie in un bacio,
la tua pelle,
da accarezzare,
da baciare, da scaldare,
da sfiorare con un dito,
le tue risate
che si aprono prorompenti nel silenzio,

le tue carezze
che mi sconvolgono l'animo,
il tuo amore.

Amo la tua sincerità,
la forza che mi hai dato per rinascere,
che mi hai dato per amarti.
Amo l'amore con cui ami.

Ti amo, amore mio.

Elia Guarneri 6 Agosto 2012

TU CUORE MIO

Tu.
Nella notte
la mia anima si desta,
cammina sui cornicioni dei pensieri,
dell'emozioni che scendono libere sulla mia pelle.

Tu
che hai fatto innamorare il mio cuore del tuo sorriso,
schiavo sono...delle tue labbra.

Io
vagabondo del mio silenzio
prendo voce nel parlarti,
descriverti cosa galleggia nel mio cuore,
dentro le vene,
è impossibile.

Tu
con il tuo candido sguardo,
affascinata la mia anima ti osserva,
il cuore inventa per te nuove parole.
Raggiungerti vorrei con le mie mani,
per addormentarmi sulle tue labbra.

Vita sei,
luce nella mia oscurità,
un'oscurità che non trova pace,
un'oscurità che il tuo amore ha illuminato.

Tu
oceano dentro il mio essere,
scoglio dove mi sono arenato,

tremo nel scriverti.
Lacrime scendono,
cancellando la mia maschera.

Tu
mi hai fatto innamorare di nuovo della vita,
di te,
angelo d'amore,
spirito incantato,
piccolo bocciolo di rosa.

Respiro il tuo profumo
e divento...parola sulle tue labbra.

Elia Guarneri 7 Agosto 2012

SOLAMENTE INSIEME A TE

Sono qui,
tra le tue braccia,
a cercare le tue labbra.
La tua musica su di noi,
come note,
come sogni che non voglio zittire,
perché t'amo.

Amo il tuo tocco,
la tua interpretazione,
la tua sensibilità.
I colori di primavera accendono i desideri,
un raggio di sole penetra nell'ombra,
per accarezzare il nostro movimento,
testimone di un amore appena assaporato,
quasi mangiato.

Ne avevamo desiderio,
un desiderio mai espresso
ma ora soddisfatto.
Guardo il tuo viso,
mi perdo nel tuo sorriso,
nella tua dolcezza,
resto catturato da una carezza.

Forse perderò ogni mio potere,
la capacità di ragionare, di resistere.
Nella mia isola d'amore resterò...
solamente insieme a te.

Elia Guarneri 8 agosto 2012

L'AMORE È...

L'amore stesso è riassunto in una parola...
tu, tu per sempre!
L'amore è indescrivibile,
illimitato,
incontrollabile.
Non è solo il sentimento,
ma tutto ciò che lo circonda.

È sentirsi appagati per alcuni secondi,
completamente vuoti pochi istanti più tardi,
essere qualcuno,
poi non sapere chi si è.

È aspettare...
aspettare una lettera,
un messaggio,
una telefonata,
una carezza,
un abbraccio,
un bacio,
un tuo gesto,
la tua presenza.

L'amore deve essere come l'acqua,
puro e cristallino,
come la terra,
forte e bello,
come l'aria,
libero e...

L'amore è come i tuoi occhi che mi affascinano,
come la bocca che è delirante,
come tutto ciò che appartiene a te,
tutto ciò che è stato toccato dalle tue mani delicate e
morbide.

L'amore stesso è riassunto in una parola...
tu, tu per sempre!

Elia Guarneri 8 agosto 2012

TOC TOC

Mi fai entrare?
Mi fai posto nel tuo cuore?
Mi fai scivolare nella tua anima,
dove scriverò a voce il mio amore per te?

La cosa più bella,
amore, sei tu,
l'emozione mia più grande.

Mi fai entrare?

Lascia aperta la porta del nostro mondo fatato,
mi poserò sulle tue labbra,
respirerò di noi.

Ancora una volta...
ti amo.

Tu mi emozioni in ogni istante, cuore mio.
Sei il mio Amore Grande ed Infinito,
sei dentro di me da sempre
in questa vita come nelle vite passate.

Fai parte del mio vissuto
passato, presente e futuro.
Fai parte integrante del mio cuore,
senza te non sarebbe più lui.

Tu, anima mia,
vivi in me,
regni nel mio cuore,

nella mia anima,
nella mia vita.

Toc Toc,
posso entrare nel tuo cuore?
"Ci sei già nel mio cuore."
Come tu nel mio, vita mia.

Insieme per sempre nel nostro mondo fatato.
Una carezza sul tuo dolcissimo cuore,
un bacio sulle tue splendide labbra,
un tenerissimo abbraccio eterno...
per noi.

Ti amo, anima mia.

Elia Guarneri 9 Agosto 2012

L'AMORE NELL'ALBA

Con la mente rivolta a te...
osservando il cielo che pian piano schiarisce
nella dolce atmosfera dell'albeggiare,
l'immagine del tuo sorriso si fa sempre più nitida.
No! Non è possibile,
sto sognando...

Chiudendo gli occhi per riprendermi dall'emozione
dentro di me divampa un brivido,
un brivido d'amore
di colpo riapro gli occhi nella speranza di vederti,
di vederti qui accanto a me.
di tornare a osservare il tuo sorriso,
ma no! non ci sei...

D'un tratto l'alba con la sua dolcezza
inizia ad accarezzarmi la pelle con dolci raggi solari,
la stessa sensazione invade il mio corpo,
mi prende,
le mie corde sotto pelle iniziano a vibrare,
un brivido di intenso piacere
invade e pervade sulla mia schiena,
come se quei raggi fossero le tue mani che mi accarezzano
e il loro calore le tue labbra che mi baciano delicatamente.

Lì il mio cuore inizia a battere sempre più,
fiero di amarti,
felice di averti incontrato,
pronto a sussultare per te.

Mentre i raggi solari iniziano a schiarire il cielo,
la sensazione di calore aumenta,

ricordandomi la tua dolce pelle
che con amore accarezzavo,
tenevo a contatto del mio petto.

Era amore, è amore...
il tuo dolce profumo,
il tuo cuore che batteva forte contro il mio petto,
il nostro desiderio d'amore,
amore puro,
amore leale,
amore mai vissuto
e mai provato fin d'ora.

Chiudendo gli occhi
lascio che i raggi solari scaldino il mio corpo,
trattenendo in me le emozioni,
le lacrime scendono sul mio viso,
il ricordo di te,
che mi stringevi,
pelle contro pelle,
dando emozioni che stringono forte il cuore.

Ti vorrei qua,
accanto a me,
ieri, oggi, domani,
per giorni,
per sempre,
e ogni mattino farci baciare dai raggi d'amore,
che solamente l'alba può darci.

L'alba è l'amore che è nato in noi
che è fiorito involontariamente,
che sta conturbando la nostra mente,
il nostro corpo,
il nostro cuore,

desideroso di essere vissuto,
di essere esternato nella sua completa passione,
nella sua bellezza,
nel suo calore,
come i raggi di sole
che ti donano l'amore,
l'amore nell'alba.

TI AMO AMORE MIO!

Elia Guarneri 10 Agosto 2012

PAROLE

Parole.
Parole d'amore,
parole di gioia,
parole di vita.

Parole che feriscono,
parole che periscono,
parole che animano,
parole che piangono,
parole che ritornano,
parole che si perdono,
parole che rattristano,
parole che ridanno vita.

Parole di speranza,
parole di sconforto,
parole di odio,
parole di comprensione,
parole di disprezzo,
parole di apprezzamento.

Parole taglienti,
parole lenenti,
parole,
pur sempre parole,
se usate solo come tali non dicono nulla,
se usate con il cuore
dicono molto.

Parole per linguaggio,
un linguaggio perduto,
parole per esprimersi

perse con la tecnologia,
parole in amore,
perse nell'odio,
odio che l'uomo dimostra con le parole.

Parole limitate,
parole infinite,
questa è la bellezza del linguaggio,
che ti dà l'opportunità della parola,
la parola che ci fa crescere,
che ormai è persa.

Parliamo,
cantiamo,
usiamo le parole per esternare il nostro cuore,
per amare il nostro prossimo,
per ridare la speranza,
ma usiamo le parole
che sono la nostra vita.

Elia Guarneri 10 agosto 2012

VIVERE L'AMORE

Vivere l'amore,
lasciarsi trasportare,
lasciarsi andare senza vincoli,
senza paure,
viverlo con gioia,
con consapevolezza,
con serenità,
lasciare che entri in te stesso,
che ti modelli,
che ti plasmi,
lasciarsi prendere dalle sensazioni,
dalle emozioni,
viverle intensamente,
profondamente,
viverle quando ti prendono lo stomaco,
quando ti fanno sentire vivo,
quando la mente vola,
vola dove non avresti mai pensato,
quando il cuore palpita
e ti fa anche star male.

Vivere l'amore in questi istanti,
di vita vera,
di vita sentita,
una vita che non esisterebbe senza amore.

Vivere l'amore in fusione con il nostro corpo,
viverlo con chi ami,
trasmetterlo,
lasciarsi inebriare dallo stesso,
non nasconderlo,
non sminuirlo,

non temerlo.

Lasciare solo che l'amore fiorisca in tutto il suo splendore,
nella sua bellezza,
nella sua intensità,
viverlo fra le tue braccia,
fra i tuoi baci,
le tue carezze,
solo allora si può chiamare
AMORE!
Un amore dedicato a te che mi ami!

Elia Guarneri 10 agosto 2012

VITA RUBATA

Seduto e rannicchiato,
in un angolo buio in quel sottoscala,
dove la luce non entra,
lì, dove poco prima era successo tutto,
dove il dolore ancora pervadeva il tuo piccolo corpo,
dove la paura lo faceva tremare,
stavi lì...solo.

Solo...nella speranza che venissero a salvarti,
che lui non tornasse,
che non tornasse a darti altro dolore,
un dolore che entra nella carne,
nelle viscere,
in profondità,
un dolore inaspettato,
un dolore lancinante,
mentre lui,
indifferente, affamato,
insistente, insensibile,
continuava il suo atto provando piacere
e tu con la mente pensi
pochi minuti,
pochi istanti...
e giungeva finalmente
a lui il momento liberatorio.

Mentre dentro di te ti senti vuoto,
spento,
morto,
sporco.

Con la mente riprendi a viaggiare,
un viaggio dove cerchi amore,
protezione,
sicurezza,
un viaggio dove chiedi amore,
un amore lontano che ti porti via,
che ti dia pace.

Ma ecco...
d'un tratto di nuovo...
di nuovo i suoi passi,
dopo ore di buio,
di paura,
tornano,
echeggiano,
lungo quel maledetto corridoio,
la tua paura aumenta,
il tuo cuore sobbalza sempre più,
il tuo respiro si fa affannoso,
la paura sale
nel timor di sentir ancora dolore.

Eccolo che entra...

Vorresti scappare,
vorresti morire,
vorresti sparire,
pur di non sentir più le sue mani su di te,
mani che ti toccano,
mani che ti legano,
mani avide di qualche cosa che ancora non capisci,
che non conosci,
quelle mani che un tempo ti cullavano,
quelle mani che ti accarezzavano,
quelle mani che ti difendevano.

D'un tratto,
quelle mani son diventate nemiche,
nemiche del tuo corpo,
che con forza viene preso,
umiliato,
insudiciato con il suo sudore,
con i suoi umori.

Ed ecco che d'un tratto la porta...
la porta si apre,
un trambusto,
che non capisci,
che non conosci,
il tuo corpo cede
e ti ritrovi a dormire.

Ti risvegli in un letto
e lì capisci.

Speri che la tua vita cambi
e da lì si cresce di nuovo,
dove nessuno ha mai creduto,
dove nessuno ha mai parlato,
lasciando comunque in te
la tristezza,
l'angoscia,
la paura e un solo desiderio...
la morte!

Ma con il tempo
si torna a sperare,
si tenta di rivivere,
ma il tempo è lungo,
è doloroso,
è incalcolabile,

indefinito,
allora lì, vorresti amore,
ma è lontano,
è difficile.

Mentre l'ami,
l'ami profondamente,
ma anche quello ha richiesto tempo e forza,
quel tempo maledetto
e quella forza maledetta,
che questi anni ti è stata negata,
che ti hanno strappato,
che hanno abusato,
che hanno tolto dal tuo corpo in quei momenti,
momenti che ti segnano,
lasciando in te delle ferite,
ferite indelebili,
che sanguinano continuamente
che turbano la mente,
che senza quell'amore
non rimarginano.

Ma lei è lontana
e tu sei solo con il suo amore,
un amore vero,
ma lontano.

I ricordi riaffiorano,
ti struggono di quello che ora sai era uno stupro,
allora la cerchi,
le parli,
le scrivi,
ma un vuoto dentro te è incolmabile.

Hai paura, ti manca,

ti manca da morire,
perché ormai il tuo cuore è suo,
le appartiene,
il tuo cuore ha scelto lei,
lei per sempre,
ma lei è lontana.

È quella lontananza
che fa sentire un minuto come fossero ore,
le ore come fossero giorni,
i giorni come fossero mesi,
i mesi come fossero anni
e torna la tristezza a pervadere il tuo corpo
e ti ritrovi sfinito,
raggomitolato come un tempo in un angolo al buio,
nella tristezza,
nella paura,
ma soprattutto senza di lei,
da poter abbracciare,
sentire,
tener vicino.

Una sua carezza,
un suo sorriso,
un bacio,
un abbraccio,
e la buona notte.

La sua presenza è vita,
quella vita che da bambino t'hanno tolto,
rubato,
negato.

Nel buio ti giri,
come se lei ti fosse accanto,

lì abbracciata a te
e con un nodo in gola,
e le lacrime che scendono copiose,
nella speranza che lei torni,
nella speranza di rivederla,
che nulla cambi di lei,
che il suo cuore sia lì con te,
trovi un filo di voce per dirle teneramente:
ti amo amore mio,
ho bisogno di te!

Elia Guarneri 12 agosto 2012

LÀ DOVE LA MORTE...

Là dove la morte porta sollievo,
perché l'anima trova pace.

Là dove la morte porta pace,
la pace mai raggiunta,
la pace mai trovata.

Là dove la morte è speranza,
la speranza persa durante la vita,
durante la sofferenza.

Là dove la morte può trovare un incontro,
un incontro con l'amore,
un amore lontano,
un amore sofferto,
un amore non capito,
un amore criticato,
un amore vero,
un amore rubato.

Là dove la morte porta gioia,
la gioia strappata dalla vita,
una vita piena di tristezza,
di odio,
di intolleranza,
di insensibilità.

Là dove la morte porta liberazione
per l'anima,
il cuore,
la mente,
ormai sopraffatti dal dolore profondo,

da quel dolore che non si cura,
che non si placa,
che non dà speranze,
che ti strugge.

Là dove la morte è piena liberazione,
liberazione della propria anima
per il proprio corpo.

Elia Guarneri -12 agosto 2012

LÀ DOVE...

Là dove il tuo sguardo si perde nel vuoto
dove non incontra una meta,
dove non trova una speranza,
lì, d'un tratto, nasce l'amore.

Basta vederlo,
basta conoscerlo,
basta viverlo.

Si vive liberalmente,
si vive serenamente,
si vive con gioia,
se ci si lascia trasportare.

Trasportare dalle emozioni,
dalle sensazioni,
dal suo travolgente calore,
dalla sua intensità,
anche se è atipico.

Senza che nessuno si intrometta,
senza condizioni,
senza limitazioni,
senza timori.

Perché là dove nasce questo amore,
una vita è rinata,
è salvata,
è rinvigorita,
è rifiorita,
grazie al tuo amore.

Elia Guarneri - 13 Agosto 2012

QUANDO NON CI SEI

Nei giorni che non ci sei,
la mia anima è sconvolta,
trema dalla paura,
urla dalla disperazione,
chiama per trovarti,
chiede per timore,
non ha pace,
non si dà pace quando non ci sei.

Questi sono giorni bui,
deleteri,
senza fine,
senza scopo,
senza sorrisi.

Ascoltando le tue note
che con grande sentimento
fai emettere dall'arpa,
una fitta mi prende,
mi perseguita continuamente.
Dove sei anima mia?
Perché non chiami?
Perché non gridi al mondo il nostro amore?

Non siamo bambini,
non siamo ragazzini,
siamo due adulti,
adulti con il diritto di amarsi,
di incontrarsi,
di sentirsi,
ma nulla...
il silenzio.

Oggi...
proprio oggi dopo una nottata a contare le stelle per te.

Dove sei amore?
Che con il tuo amore mi ridasti vita,
sì, tu amore,
tu che mi ridasti il sorriso,
tu che rispondevi subito,
tu che con le tue risate divampanti mi davi gioia.
Dove sono i tuoi dolci sguardi,
le tue carezze,
i tuoi baci?
Dove sei tu?

La solitudine torna a regnare,
la tristezza torna a prendere il sopravvento,
non sopporto,
non reggo,
non vivo,
non sogno.
Là dove c'era il futuro,
ora vedo desolazione,
angoscia.

La mia mente torna a cadere,
torna a morire,
presa da quell'angoscia.
Mi sento morto,
nei miei silenzi,
nei miei pensieri,
mi sento inutile,
mi sento senza meta quando non ci sei.

Elia Guarneri - 13-agosto 2012

CUORE FORGIATO

Un cuore forgiato è forgiato nell'amore,
quando riesce ad amare indistintamente,
quando soffre per amore,
quando gioisce per amore,
quando sobbalza per amore,
quando muore per amore.

È un cuore forgiato
quando esprime tutto ciò che ha dentro,
quando non ha problemi ad amare,
quando è colmo d'amore.

È un cuore forgiato
quando ti cerca,
quando si preoccupa,
quando piange per te
e con le sue lacrime lenisce le tue ferite.

È un cuore forgiato
quando resiste all'odio,
quando ricambia l'odio in amore,
quando dà amore per sostenerti.

È un cuore forgiato
quando malgrado le sue ferite
riesce a esprimere le sue sensazioni,
i suoi dolori,
le sue angosce,
anche se ha il timore di perderti.

E il cuore forgiato
è sincero,

leale,
puro,
limpido,
senza fini,
si cede alle tue mani per farsi amare,
per farsi scaldare,
per farsi accudire,
per dedicarsi a te
ed essere amato con il tuo cuore
mettendosi allo scoperto,
senza protezione,
senza timore di essere ferito dal tuo amore,
perché t'ama,
perché ti desidera,
perché ormai vive per te.

Elia Guarneri - 13 agosto 2012

PER AMORE SI MUORE

Per amore si muore,
per amore si nasce,
per amore si soffre,
per amore si fanno pazzie,
per amore si decide il futuro.

Per amore si lavora assieme,
per amore si vive assieme,
per amore si soffre insieme,
per amore si fanno pazzie insieme,
insieme per amore si decide il futuro.

Per amore ti ho dato il mio cuore,
per amore sto lavorando anche per te,
per amore ti scrivo TI AMO,
per amore ti sprono
sempre perché ti amo, ti cerco
e non voglio il tuo male.

Per amore ci si ritrova a dover combattere,
per amore si devono prendere anche decisioni serie,
per amore non si può far morire un sogno,
perché è per amore che si creano i sogni,
il futuro,
la vita.

La vita è amore,
non va trattenuto,
non va diviso,
perché dividerlo porta alla morte,
la morte fisica,
la morte mentale,

la morte spirituale,
la morte interiore.

Per amore non si rinuncia al vero amore!

Elia Guarneri - 14 agosto 2012

ULTIMO SORRISO

In piedi su una balaustra a osservare il cielo,
consapevole che da lì a qualche minuto
una decisione sarebbe stata presa.

Sarebbe stata vissuta
una decisione forte,
una decisione non facile
ma da prendere,
da prendere per la propria anima
desiderosa di pace,
da prendere per la propria mente
che chiede tregua.

Una decisione che farà male a molti
ma risolleverà il mio spirito,
una decisione triste,
malinconica,
anche assurda,
ma è la decisione giusta,
giusta per un corpo ormai malato,
un cuore distrutto,
un'anima ferita a morte.

Lì d'un tratto uno stormo di rondini
volteggia nel cielo,
sotto i miei piedi invece il vuoto,
un vuoto nel verde profondo,
un vuoto che dà pace,
un vuoto che porta alla liberazione.

Proprio in quell'istante
i ricordi si fanno forti,

i sentimenti sempre più vivi,
i visi delle persone care affiorano dal nulla,
come spettri che mi vengono incontro,
come anime che mi cercano e mi sorridono,
e con la mia mente,
prima di chiudere gli occhi,
li osservo,
li ringrazio,
chiedo loro perdono,
perdono per non aver retto,
perdono per i miei pensieri,
perdono per il tuo amore,
perdono per gli errori commessi,
perdono per aver dato amore.

Mentre chiedo loro perdono,
una farfalla con il suo volo leggero,
le sue ali colorate,
sta volteggiando vicino a me,
libera si libra,
nel vuoto sottostante.

Nella mia mente riaffiorano quelle note,
che mi hanno fatto sognare,
quelle corde toccate con amore,
quei sentimenti espressi con amore,
quei sentimenti che mi hanno ridato per poco la speranza,
una speranza d'amore,
ora svanita,
scivolata,
distrutta da persone irrazionali.

Vedo ancora la farfalla librarsi dolcemente,
sempre più vicino,
fino al punto di appoggiarsi sulle mie mani,

mani protese in avanti,
sento le sue leggerissime zampette,
la osservo immobile mentre lei mi scruta,
la osservo in tutta la sua bellezza,
in tutta la sua delicatezza
e d'un tratto riprende il volo,
quel volo leggero,
che contemporaneamente affronto,
chiudendo gli occhi
e rivivendo in pochissimi istanti la mia vita.

Mentre tengo chiusi gli occhi,
l'aria pervade il mio corpo che si libra nell'aria,
come la farfalla,
mi dà un senso di pace
e sul viso viene a crearsi,
come aver trovato la pace dentro,
l'ultimo sorriso.

Elia Guarneri - 15 Agosto 2012

NEL TUO RICORDO

Sono lì che guardo,
ti osservo,
mentre con le mani
modelli il blocco di gesso,
quel blocco che di nascosto formavo per te,
per darti pace nell'arte,
per vedere il tuo sorriso,
per sentire il tuo affetto,
affetto puro,
sincero.

Tu, mia sorellina,
inseparabile compagna di mille avventure artistiche,
tu che eri l'unica a comprendere i miei stati d'animo,
tu che come me hai provato la tristezza,
tu che hai toccato la sofferenza,
la sofferenza di un amore rubato,
a te, mia dolce sorellina, dedico la mia vita,
la vita ormai segnata da molti drammi,
con te vissuti,
con te morti.

Mentre ero lì che ti guardavo,
mentre ero lì che ti ammiravo,
ma d'un tratto,
quel giorno maledetto,
avesti la prima crisi,
una crisi che mi spaventò,
mi cambiò drasticamente la vita,
poi l'esito di quel maledetto esame,
ma insieme abbiamo provato,
abbiamo combattuto contro quel male,
quel male che ti stava mangiando dentro
e tu non riuscivi più a sostenere le tue gambe,

non riuscivi più a sostenere i calchi in gesso
e di nuovo un'altra crisi.

Lì combattemmo entrambe per la vita,
ci risvegliammo in quel letto bianco d'ospedale,
quel letto che da lì a breve,
avrebbe drasticamente segnato la mia vita.

Ero lì con te,
ero anche dentro di te,
perché con l'operazione parte di me ora stava dentro di te,
per aiutarti a lottare,
per combattere il male.

I dottori già cantavano vittoria,
quella vittoria che non è mai avvenuta,
che entrambe ricercavamo,
ma in quei giorni eri sola.

Non ero lì con te
quando una telefonata mi svegliò sul treno dal lungo viaggio,
il viaggio che stavo per intraprendere per lavoro,
per la musica;
era una tournée per te,
completamente dedicata a te,
ma il destino,
maledettamente non ha aspettato.

Ritornai immediatamente,
prima di entrare nella tua stanza mi asciugai le lacrime,
non volevo farmi vedere in quelle condizioni,
già sapevo,
i medici mi avevano informato,
ma tu eri lì che mi aspettavi,
mi aspettavi per parlarmi,
per abbracciarmi,
il cuore si segnava sempre più,

era sempre più ferito,
triste,
ammalato.

Restammo tre giorni ininterrotti,
tre giorni vicini l'uno con la mano dell'altro fra le mani,
parlammo e la tua voce era sempre più fievole
e con quel tono che tutt'oggi ricordo,
sento,
soffro,
mi chiedesti della tua ultima creazione artistica con il gesso.

Ebbene, mia amata sorellina,
è ora dove tu feci richiesta.

Ma tu dove sei?

Con un sorriso e con le tue ultime forze,
mi strinsi in un abbraccio,
l'ultimo abbraccio che mi spezzò il cuore.

Perché?
Perché non hai lottato?

Ti sei lasciata andare per quelle parole,
per le parole dette da una persona estranea,
una persona che non capiva ciò che ha fatto.

Perché non hai lottato per me?
Perché?
Era troppo il dolore?

Anche il mio era troppo e ora tu,
tu non ci sei,
hai ceduto alla morte,
quella morte che ha definitivamente distrutto,
quella morte che mi ha devastato internamente,

quella morte che dei giorni desidero trovare,
quella morte liberatoria,
ma la vita non vuole questo da me,
allora,
mia amata sorellina,
a te un ricordo,
un ricordo dolce come il miele,
un ricordo solare come il sole,
un ricordo colorato come la primavera,
un ricordo con le note,
le note di un'arpa,
un'arpa che suona per te.

Questo sarà il mio regalo d'amore
un regalo legato con amore,
donato con amore,
mia sorellina,
sarà un ricordo solo per te,
perché ti ho sempre amata,
ti ho sempre voluto un mondo di bene,
è per il tuo amore che meriti questo ricordo,
un ricordo a te dedicato.

Elia Guarneri - 15 Agosto 2012

NELLA MENTE E NELL'ANIMA

Note nella mente,
note per amare,
note per sognare,
note per curare,
note da suonare,
note da fischiare.

Note.

Note che ti prendono,
note che ti scappano,
note che ti sussurrano,
che ti sussurrano frasi,
frasi di gioia,
frasi d'amore.

Note che ti fanno vibrare,
note per far musica,
musica viva,
musica espressiva.

La musica è espressione,
espressione di vita,
espressione d'amore
che con delicatezza ti trasporta,
ti fa volare,
ti fa sognare.

Musica che non dimentichi,
musica che ti parla,
ti parla sussurrando,
ti parla gridando,

ti parla gioendo,
ti parla d'amore,
ti parla di odio,
ti parla di morte,
ti parla di vita.

È pur sempre fatta di note,
note che escono dal cuore,
note che sono il cuore,
note dentro di te,
nella mente e nell'anima.

Elia Guarneri - 15 Agosto 2012

TU PER ME

Tu per me
sei l'aria che respiro,
la terra su cui cammino,
i colori della primavera,
il canto degli usignoli,
la gioia,
l'amore,
la forza.

Sei la mia passione,
l'infuocata passione dell'esser mia,
sei la mia vita,
l'essenziale linfa vitale.

Levami tutto questo
e son solo polvere,
polvere dispersa al vento.

Ti amo!

Elia Guarneri - 16 agosto 2012

SARÒ PER TE

Se camminerai sotto la pioggia,
sarò il tuo riparo,
se camminerai sotto il caldo sole,
farò soffiare il vento
e diverrò ombra per il tuo corpo,
se avrai degli incubi,
sarò la tua salvezza,
se piangerai per amore,
per odio,
per tristezza,
sarò per te fazzoletto,
se gioirai per amore,
sarò il tuo motivo di gioia,
se ti attaccheranno,
sarò il tuo scudo,
la tua difesa,
la tua protezione,
se accuserai dolore,
sarò la tua medicina,
se ti sentirai sola,
sarò la tua compagnia,
sa dovrai combattere,
sarò la tua armatura e la tua spada,
se dovrai sognare,
sarò le tue ali per portarti nel cielo,
se perderai l'orientamento,
sarò per te la bussola,
se avrai sete,

sarò acqua per la tua vita,
se avrai fame,
sarò cibo per il tuo corpo,
sarò tutto per te...
e tutto questo lo sarò
perché ti amo.

Elia Guarneri 17 agosto 2012

CORDE DELL'AMORE

Sento il mio cuore sorridere,
vivere,
sbocciare,
ringiovanire,
come note pizzicate sulle corde della tua arpa.

Attimi d'intenso piacere,
di spensieratezza,
di profonda tristezza,
in acuti e silenzi,
abbracciati all'infinito,
in queste note lette,
interpretate,
sentite,
vissute,
dal pentagramma della tua vita.

Corde pizzicate,
accarezzate,
sfiorate,
sollecitate,
corde che parlano di te.

Ti ricordano,
ti amano,
ti sorridono,
con gioia e con lamenti.

Piangono d'amore,
piangono di gioia,
piangono nel cercarti,
piangono di solitudine,

nella speranza di esser fatte vibrare,
nella speranza di vedere il tuo sorriso che le illumina.

Corde d'arpa,
solo corde d'arpa,
ma sono corde che si lacerano senza di te.

Elia Guarneri - 18 Agosto 2012

BUON GIORNO AMORE MIO

Buon giorno amore mio,
sei un angelo,
un angelo senza le ali,
un angelo d'amore,
un angelo di vita,
che per la vita,
sei sceso sulla terra,
per donare il tuo amore,
per donar la tua gioia,
per cedere la tua vita,
trascorrerla,
trascorrerla insieme a me,
che la notte entra nei miei sogni,
con dolcezza,
con sensualità,
con passione,
con amore,
per scacciare quelli più oscuri.

Il giorno stai con me,
per difendermi,
allontanarmi da ogni pensiero,
ogni azione,
ogni tentazione,
che non vede la luce.

Allora io...
io nel mio egoismo,
nell'egoismo più profondo,
nascondo le mie ali,
perché sono un angelo,
le nascondo in uno scrigno,

là dove non puoi vederle,
là dove non puoi trovarle,
là dove non puoi indossarle.

Lo faccio per amore,
perché ti amo,
per non farti mai andare via,
per donarti il mio amore,
per tenerti vicino
così tu debba restare,
restare con me,
restare in questo eterno labirinto,
dove la sola via d'uscita,
è quella del nostro amore,
e ad ogni risveglio di mattino,
con il mio amore,
con il mio cuore,
possa dirti per sempre,
e per sempre:
buon giorno amore mio
t'amo più della mia vita!

Elia Guarneri - 20 agosto 2012

TENERAMENTE

Teneramente,
tra le mie braccia,
mentre sento il tuo cuore battere,
mentre la tua anima vola,
vola sulle ali dell'amore.

Teneramente,
abbracciati,
mentre le nostre labbra si sfiorano,
si accarezzano,
si lasciano cadere in un tenero bacio.

Teneramente,
le mie mani accarezzano il tuo viso,
seguendo il tuo profilo,
gustando con amore,
il tatto di una pelle vellutata.

Teneramente,
ci lasciamo andare in un amore,
un amore sincero,
un amore profondo,
un amore puro,
dove le nostre anime si fondono.

Teneramente,
in un unico corpo,
in un'unica energia,
diveniamo un'unica carne.

Con tenero amore,
lasciamo che la passione

pervada teneramente il nostro corpo,
perché ci apparteniamo l'un l'altro,
perché teneramente,
l'amore ci ha presi.

Elia Guarneri - 27 Agosto 2012

BUON GIORNO AMORE MIO 2

Lunga è la notte,
ti osservo,
sei lì,
sdraiata sul letto,
il tuo corpo da accarezzare,
da amare,
da proteggere,
da averne piena cura,
che fa innamorare.

Ti osservo,
ripenso a quegli istanti,
quei minuti,
quelle ore passate con te,
in tranquillità,
senza pensieri,
senza problemi,
dove ridevamo.

La tua risata dirompente,
riecheggia nel mio cuore,
nella mia mente,
nella mia testa,
una risata che toglie il fiato,
che dà gioia,
che ti fa rinascere,
che sprigiona amore,
l'amore che entrambe desideriamo,
bramiamo,
e abbiamo ricercato.

Ma...
tu sei ancora lì,
io non mi faccio coraggio,
non mi avvicino,
non ti sveglio,
ma il desiderio è in me,
mentre la notte continua a passare inesorabilmente,
senza sosta,
senza preoccuparsi di noi,
e solo allora,
mi faccio coraggio,
mi avvicino,
ti accarezzo,
ti bacio,
mi allontano per tornare di nuovo,
per baciarti,
abbracciarti,
con il desiderio di averti,
di sentirti mia,
di sentirmi tuo,
l'uno contro l'altro.

La notte,
oramai è giunta al termine,
la luce dell'alba si rifrange sul tuo viso,
sulla tua pelle,
a me non resta solo che dirti...
Buon giorno amore mio!

Elia Guarneri - 28 Agosto 2012

MOMENTI

Uno sguardo,
un sorriso,
una carezza,
momenti di gioia,
momenti d'amore,
e di nuovo...
i tuoi occhi,
il tuo sorriso,
le tue labbra,
le tue carezze,
momenti di tenerezza,
momenti di passione,
un tuo bacio,
il tuo corpo,
la tua pelle di velluto,
il tuo respiro,
che sempre più affannoso,
cerca...
cerca l'amore,
cerca la passione,
cerca la tenerezza.
In tutti questi momenti
l'amore esplode,
divampa,
s'accentua,
per dare ai nostri corpi
momenti di puro e semplice piacere
accompagnato da intenso e profondo amore.

Elia Gaurneri Silvino -29 Agosto 2012

L'ULTIMA STELLA CADENTE

A te Monica,
questa non è una poesia,
ma una richiesta,
una dichiarazione,
una esternazione
di ciò che sento,
ciò che provo,
ciò che desidero dirti,
ciò che desidero fare con te.

Con te provo amore,
provo gioia,
provo tenerezza,
provo sensibilità,
provo mitezza,
provo comprensione,
provo voglia di vivere.

Con te sento il mio cuore battere più forte dalla gioia,
la mia vitalità rinascere,
la voglia di vivere aumentare,
i nodi alla gola quando sei triste,
il cuore in estasi quando mi dici ti amo,
il tuo dolore,
la tua gioia,
i tuoi bisogni e la tua voglia di ricevere amore.

Quando sono con te desidero cantare,
desidero gridare a squarcia gola,

desidero suonare,
desidero averti solo per me,
desidero le tue carezze,
il tuo amore,
desidero le tue risate,
le tue parole,
desidero la tua solarità.

Ma ormai è giunto il momento,
il momento per dirti cosa desidero dirti,
anche se non ci sei,
ho la consapevolezza che leggerai queste mie parole,
oggi,
domani,
in futuro,
queste parole che possono cambiarti la vita,
parole che possono sconvolgerti l'animo,
parole che potrebbero scaldarti il cuore e l'anima per sempre.

Sono parole per dirti amore,
per darti amore,
per chiederti amore,
dir al mondo intero,
far capir al mondo intero ciò che ti sto chiedendo,
ciò che provo e che voglio regalarti.

Sì, in questo momento,
in questo istante,
per oggi,
per domani,
per il futuro
e per l'eternità,

come le mie forze e il mio amore,
dando la mia vita in mano tua,
il mio cuore,
la mia vitalità,
come promessa fatta a me stesso la notte di San Lorenzo,
ad ogni stella cadente vista ti avrei fatto la stessa domanda,
la stessa richiesta, perché Monica ti amo.

Ti amo profondamente,
ti amo con tutto me stesso,
con sincerità e lealtà.

Monica, ufficialmente ti chiedo di sposarmi!
Vuoi essere la mia sposa?
Ti amo!

Elia Guarneri - 29 Agosto 2012

TUTTO COMINCIÒ

Tutto cominciò in quel giorno,
mentre telefonavo,
d'un tratto la mia mano era già fra i tuoi capelli
era lì che li accarezzava,
e tu,
tu non reagisti,
mi lasciasti fare.

Sotto le mie dita,
fra i tuoi capelli,
sentivo il tuo corpo rilassarsi,
sentivo la tua pelle stendersi,
sentivo il tuo cuore,
sì,
sentivo il tuo cuore cambiare battito,
un battito diverso,
emozionato,
un battito di accettazione
ma non una parola,
non un movimento,
non uno sguardo,
eri lì che mi lasciavi fare.

Mentre la mia mano era ancora fra i tuoi capelli,
sentivo in me un'energia,
un'energia che cresceva,
attraversava il mio corpo,
diventava più intensa,
e voleva scaturire dalle mie viscere.

Tutto cominciò da lì,
quando sulle mie dita sentivo i tuoi capelli,
il mio amore iniziò a divampare improvvisamente,
e tutto cominciò da lì.

Elia Guarneri - 29 Agosto 2012

BIOGRAPHY

BIOGRAPHY

M° Elia Guarneri Silvino has started his studies very young followed by the orchestra conductors M° Giuseppe Patané and M° Luigi Edoardo Dell'Orefice for his ability and his love for the symphony music and opera. He continued under the guide of the M° Maurizio Valentini and participated very young in a few masterclasses with Severino Gazzelloni and Glauco Cambursano.

He graduated at the Music Conservatory "A. Vivaldi" of Alessandria, Novara's department, while attending the University of Roma Tre and graduated at D.A.M.S. at the same time, with the thesis "La buona musica e l'interpretazione persa per la musica sperimentale". At the same time he continued his flute studies with Eckstein Marianne Gazzani and won the scholarship for the Bachelor in Performance at the RIAM of Dublin.

Mr. Guarneri obtained the Bachelor and Master in Performance in Flute and Diploma Woodenflutes with William Dowdall at The Royal Irish Academy of Music; the Master of Advanced Studies and the Master in Soloist with William Bennet at the Royal Academy of Music in Marylebone Road; the Master in Virtuositè and the Master in Alta Virtuositè with Judith Hall at the Birmingham Conservatoire in London; the Diploma in Composition at the Music Conservatory "A. Vivaldi" of Alessandria; the Master of Interpretation at the Musik Akademie der Stadt in Basel.

He specialized in the interpretation of the Baroque, Romantic and Late Romantic period with Judith Hall and Pierre-Yves Artaud. Moreover, he attended Italian and international seminars, stages and masterclasses with renowned musicians including Renate Greiss-Armin, Alain Marion, Jean-Pierre Rampal, Severino Gazzelloni. While he was attending the music courses, following his passion for graphic design and web programming, he obtained the Master in Design, Fine Art and Art and Visual Culture at the National College of Art and Design in Dublin.

Mr. Guarneri has acquired orchestra experience collaborating with chamber ensembles, dance and theater companies. He performed with the harpist Monik Mc Clarstin at the Opening Cerimony of the World Ski Championships in Albertville (France) in 1992 and he hold the position of the 1st Flute with the Philharmonic Band of the Artiglieria Missili Contraerea conducted by M° Franco Pellegrino during the International Festival of Military Bands. Then he has been invited to perform with the European Union Youth Orchestra (EUYO) as flute soloist for the interpretation of: A. Vivaldi, 'Il Cardellino', 'La tempesta di mare', 'La notte' and the 'Concerto No. IV' – J.S.Bach, 'Triple Concerto BWV1044', 'Brandeburg concerto No.2 in F Major BWV1047', 'Branderburg concerto No.5 in D Major BWV1050'.

Continuing his career as soloist and chamber musician in Europe, USA, Asia and Australia, he has performed for many institutions and music associations in Italy, Switzerland, France, Germany, China, Japan (Sidney, New Jersey, Beijing, Hong Kong, Tokyo, Dolo, Nuoro, Roma, Milano, Bondo, Geneva, Albertville, Ancy, Lyon, Frankfurt, Berlin, Shanghai etc.) collaborating in music projects with the orchestra conductors: Gianandrea Gavazzeni, Paul C. Echols, Carlo Maria Giulini, Myung wun Chung, Anton Guadagno (Palm Beach Opera), Franco Mannino, Giuseppe Sinopoli, Rico Saccani, Loryn Varencove Maazel, Jesús López Cobos, Cao Peng (Shanghai National Orchestra).

After having left temporarily the music scene for health problems and a long period in hospital, Mr. Guarneri has gradually resumed his career thanks to Mr. Benito Garantini.

He is the creator and Artistic Director of the international competition dedicated to the composer Carl Reinecke, the "International Award Carl Reinecke".

Mr. Guarneri has published the following CDs: "The Flautistic Evolution" and "Carl Reinecke The Romantic" (DonPayett music production Classics), "The Other Face" and "Chamber Recital" (Black Wolf Edition & Publishing Ltd.).

Moreover, he has published for Black Wolf Edition & Publishing Ltd.: "10 Difficult Solfeggi for Music Theory in treble clef Op.2 No.1", "10 Complete Tests for the Music Theory Exam Op.2 No.2", "Technical Lessons (First Lesson)" for flute solo, the transcriptions for flute and harp of "Schubert's Serenade" and "Saint-Saëns' Allegro Appassionato Op.43".

Today he has a strong collaboration with high level artists in the international musical and artistic field, and he teaches in his private studio in Scotland.

ISBN 978-0-9934922-5-9
SKU/ID 9780993492259

Cover:
"SUZY" - oil on canvas - 100 x 94 cm - year 2010 by Alfonso and Nicola Vaccari
Book design by Wolf
Editor: Wolf

Publishing Company:
Black Wolf Edition & Publishing Ltd.
2 Glebe Place, Burntisland KY3 0ES, Scotland
www.blackwolfedition.com

www.ingramcontent.com/pod-product-compliance
Lightning Source LLC
Chambersburg PA
CBHW031931090426
42811CB00002B/147